LA RÉVOLUTION

AUTEUR : CHRISTOPHER MAYNARD   CONSEILLER : Dr TIM SHAKESBY

CHER LECTEUR,

LES RÉVOLUTIONS ONT ÉTÉ BRUYANTES, AGITÉES ET MÊME TERRIFIANTES. ET POURTANT, LE *JOURNAL DU TEMPS*, A TOUJOURS ÉTÉ LÀ, AU CŒUR DES ÉVÈNEMENTS – VOUS INFORMANT À CHAUD DES BOULEVERSEMENTS QUI ONT DÉCLENCHÉ LES PLUS GRANDES RÉVOLUTIONS DE L'HISTOIRE.

BRAVANT TOUS LES DANGERS, NOS ENVOYÉS SPÉCIAUX SONT RESTÉS AU MILIEU DES NATIONS EN CRISE PENDANT QUE, LES UNS APRÈS LES AUTRES, LES PEUPLES CRIAIENT « ASSEZ » ET SE DÉBARRASSAIENT DE LEURS DIRIGEANTS. HISTOIRES DE LIBERTÉ, DE JUSTICE ET DE VIOLENCE, DE RÊVES DEVENUS RÉALITÉ OU DE RÊVES RÉDUITS EN POUSSIÈRES : LES RÉVOLUTIONS ONT SOUVENT DES DÉNOUEMENTS INATTENDUS.

QU'ELLE QU'EN SOIT L'ISSUE, CHACUNE DE CES RÉVOLUTIONS EST NÉE DE LA RÉVOLTE DU PEUPLE EXASPÉRÉ DE NE PAS ÊTRE ENTENDU. CETTE ÉDITION SPÉCIALE DU JOURNAL DU TEMPS LUI EST DÉDIÉE ET REND HOMMAGE À SON COURAGE.

LE RÉDACTEUR EN CHEF

Christopher Maynard

NOTE DE LA RÉDACTION

Le *Journal du temps* n'existait pas lorsque ces révolutions
ont éclaté. Si cela avait été le cas,
nous sommes certains que tout le monde l'aurait dévoré !
Bonne lecture à tous !

LA RÉVOLUTION, QU'EST-CE QUE C'EST ?

Si vous voyez un matin vos compatriotes protester dans la rue, prendre d'assaut le palais royal ou présenter le président devant un peloton d'exécution, soyez sûr qu'une révolution éclate.

Pour schématiser, une révolution est un immense soulèvement survenant lorsqu'un type de gouvernement est évincé pour être remplacé par un autre, radicalement différent. La révolution se fait rarement sans violence car bien souvent les anciens dirigeants s'accrochent au pouvoir comme des sangsues. Mais ce n'est pas toujours le cas. Il y a eu des révolutions – pas beaucoup il est vrai – qui se sont déroulées sans débordements excessifs. D'autres, au contraire, ont coûté la vie à des millions de personnes.

Les révolutions choisies par le *Journal du temps* sont celles qui ont permis la mise en place de systèmes de gouvernement totalement originaux, modifiant, dans tous les pays du monde, la façon de concevoir le pouvoir.

EN 1770, LA GRANDE BRETAGNE POSSÈDE 13 COLONIES EN AMÉRIQUE. CHACUNE EST DIRIGÉE PAR UN GOUVERNEUR QUI REÇOIT SES ORDRES DU PARLEMENT DE LONDRES, À 5000 KM DE DISTANCE. FONDÉES UN SIÈCLE PLUS TÔT, LES COLONIES SONT DEVENUES PROSPÈRES ET RÊVENT D'INDÉPENDANCE. LES COLONS ONT DES IDÉES BIEN ARRÊTÉES SUR LA FAÇON DONT ILS VEULENT ÊTRE GOUVERNÉS - IDÉES QUI EXASPÈRENT SOUVENT LONDRES.

L'AFFAIRE DU THÉ DANS LE PORT DE BOSTON

Illustration de CHRIS MOLAN

L'AFFAIRE DU THÉ : pour protester contre les taxes, des manifestants déguisés en Indiens Mohawks saccagent une cargaison entière de thé qu'ils déversent dans le port.

Les Américains ne se lancent pas immédiatement dans la révolution. Ce n'est qu'après des années de maladresses britanniques qu'ils atteignent un point de non retour. Lors de la célèbre « Boston Tea Party » de 1773, notre envoyé spécial au Massachusetts comprend que les Américains sont prêts à passer à l'action.

AIDÉS PAR LES REFLETS de la lune, dans la nuit claire et froide du 16 décembre 1773, des « patriotes » de Boston grimpent sur trois bateaux chargés de thé, amarrés dans le port.

Beaucoup d'hommes sont déguisés en Indiens Mohawks ; tous sont fous furieux. Criant et hurlant, ils ouvrent 342 caisses de thé dont ils déversent le contenu par-dessus bord. C'est la marée basse et très rapidement, un thé sombre et salé envahit le port.

Des centaines de personnes se rassemblent pour assister à cette « Tea Party » nocturne. En compagnie des patriotes déguisés, ils défilent ensuite triomphalement dans les rues de Boston.

Comme un seul homme, la foule jure de résister aux droits de douane sur le thé que les Britanniques tentent de leur imposer. Les colonies refusent de toucher le thé anglais, car elles trouvent que la nouvelle taxe est profondément injuste.

PLUS DE TAXE SANS NOTRE ACCORD

Depuis plusieurs années déjà, la Grande-Bretagne fait supporter aux colonies une quantité croissante de taxes pour éponger une partie de ses lourdes dettes et asseoir son autorité de ce côté-ci de l'Atlantique. Mais un tel despotisme ne peut que déplaire. Les Américains veulent avoir leur mot à dire sur la levée de nouvelles taxes et l'utilisation de cet argent.

Le gouverneur, lui, veut mater la révolte de Boston. Depuis l'arrivée des bateaux en novembre dernier, il refuse de les laisser repartir en Angleterre tant que les taxes ne sont pas payées jusqu'au dernier penny. Devant une situation sans issue, l'affrontement est inévitable.

Ce matin, les hommes du gouverneur ont juré de retrouver les patriotes déguisés en indiens Mohawks lors de la « Tea Party ». Mais si des centaines de Bostoniens connaissent pertinemment l'identité des manifestants, ils ne semblent pas vouloir les dénoncer.

Et maintenant ? Il faut s'attendre à un durcissement du roi et de ses ministres. Selon des rumeurs, ils veulent fermer le port de Boston en guise de représailles pour punir la ville jusqu'à ce que les taxes et le thé perdu soient payés. Ils envisageraient même d'envoyer des troupes pour donner une leçon aux Américains ! ▼

CHEVAUCHÉE NOCTURNE : Revere avertit les habitants de Lexington que les troupes britanniques sont en route.

LES TUNIQUES ROUGES EN FUITE

Illustration de STEVE NOON

La « Boston Tea Party » a rendu la situation explosive. Mais le véritable déclencheur est l'affrontement du 19 avril 1775 à Lexington, à une vingtaine de kilomètres de Boston, entre les miliciens, citoyens américains, et les Tuniques rouges, les soldats anglais. Notre envoyé spécial a rencontré le héros du jour, Paul Revere.

❓ M. Revere, comment avez-vous été mêlé à ces événements ?
Je suis orfèvre de métier mais je suis aussi un patriote américain. Je participe en faisant passer des messages. Les Anglais n'ont pas le droit de nous marcher sur les pieds. Depuis la présence de troupes à Boston, ils cherchent la bagarre ! Et bien aujourd'hui, nous leur avons résisté !

❓ Comment tout cela a-t-il commencé ?
Selon une rumeur, les Anglais cherchaient à attaquer nos munitions entreposées à Concord, à environ 34 km de Boston. La nuit dernière, 700 de leurs soldats se sont mis en marche. Will Dawes et moi sommes partis à cheval pour avertir les nôtres de leur arrivée.
À minuit, nous avions atteint Lexington. C'est là que le Docteur Sam Prescott, un autre patriote, nous a rejoint. Sam a poursuivi et a donné l'alerte à Concord.

❓ Où les premiers coups de feu ont-ils été tirés ?
Les Tuniques rouges ont d'abord atteint Lexington et tiré sur quelques miliciens qui tentaient de leur bloquer la route. Nous avons perdu huit hommes. Ils ont ensuite poursuivi jusqu'à Concord mais nous avions caché nos munitions.
Ne trouvant rien, ils ont fait demi-tour. Nos gars, disséminés le long de la route, les observaient depuis les arbres. Difficile de rater une colonne d'habits rouges ! Il paraît qu'on en a eu 250 !

❓ Faut-il y voir le début de la guerre ?
Ce sont eux qui ont tiré les premiers. Nous leur avons montré de quoi nous étions capables. S'ils veulent la guerre, ils l'auront ! ⬥

UNE SÉPARATION DEVENUE INÉVITABLE

Les appels passionnés de l'écrivain Thomas Paine pour l'indépendance ont une forte influence sur les Américains. En janvier 1776, juste avant la publication de son célèbre pamphlet intitulé *Le Sens commun*, il a écrit au *Journal du temps* pour rallier les lecteurs à son combat.

Cher Monsieur,
Le combat contre le roi George III d'Angleterre ne se résume plus à une simple querelle sur les taxes. Ce stade a été largement dépassé. Avec un minimum de bon sens, tout le monde voit que tant que nous resterons des colonies, nous serons assujettis à un lointain monarque. Nous ne valons à ses yeux guère mieux que des esclaves. C'est un tyran qui nous accable de taxes et nous refuse le droit à la parole dans nos propres affaires.
Il n'existe qu'un seul avenir pour nous : celui d'hommes libres, maîtres de leur destin. Il nous faut rompre avec le passé et combattre pour l'indépendance. C'est le bon sens qui nous le dicte !
Votre humble serviteur,
Tom Paine

RENCONTRE AVEC UN RÉSISTANT

Peter Newark

LA RUPTURE : Les représentants des 13 colonies signent la déclaration d'Indépendance (à gauche). Les colonies se considèrent dès à présent comme des États.

LE 4 JUILLET 1776, les représentants des 13 colonies se rencontrent pour approuver une déclaration d'Indépendance. Elle est signée le 2 août. La rupture tant attendue est enfin arrivée. Thomas Jefferson, l'un des hommes clefs de ces évènements a répondu aux questions du *Journal du temps.*

NOUS COMBATTONS les Anglais depuis plus d'un an maintenant. Pendant cette période, nous avons essayé de régler le conflit pacifiquement. Notre offre n'a même pas été entendue. Le Roi a refusé de nous prendre au sérieux.

Aujourd'hui, il faut faire un choix. Pour cette raison, les représentants des colonies se sont rencontrés à Philadelphie pour voter l'indépendance. Nous n'apprécions pas que les Britanniques s'immiscent dans nos affaires, nous accablent de taxes et de réglementations. Et nous n'avons de surcroît aucun droit de parole sur la façon dont nous sommes gouvernés. L'Angleterre a même dépêché une armée de soldats pour nous écraser comme si nous n'étions qu'une bande de voyous. C'en est trop !

LA LIBERTÉ N'A PAS DE PRIX

Les représentants ont rédigé une courte déclaration de nos intentions. C'est à moi qu'est revenu l'honneur d'écrire la majeure partie de ce que nous appelons notre « déclaration d'Indépendance ». Nous y expliquons pourquoi nous avons rompu avec la Grande-Bretagne. Désormais, les anciennes colonies sont des États qui volent de leurs propres ailes.

La partie dont je suis le plus fier est celle où nous dictons nos convictions. Voici, ce qu'elle dit : « Nous tenons pour évident que tous les hommes naissent égaux, qu'ils disposent de droits inaliénables comme la vie, la liberté et la recherche du bonheur. »

Après cette déclaration audacieuse, nous savons que notre vie est en jeu. Si les Britanniques gagnent, les cinquante signataires seront jugés pour trahison et pendus. En revanche, si les colonies restent soudées et trouvent des alliés parmi les autres nations, nous pourrons tenir bon. J'espère que nos soldats en seront capables ! ▼

LE GRAND FROID : À Valley Forge, les troupes américaines doivent affronter le froid et la maladie. Un soldat sur quatre meurt avant la fin de la guerre.

LE TERRIBLE HIVER 1777

Illustration de GINO D'ACHILLE

Déclarer l'indépendance se fait sans difficulté. Convaincre les Britanniques d'abandonner est une autre paire de manches ! Au cours de l'hiver 1777, l'Armée américaine est à deux doigts de capituler.

Les Britanniques contrôlent les ports et remportent la plupart des grandes batailles. Conduite par le général George Washington, l'armée américaine a pour seule mission d'épuiser les Britanniques. Au cours de l'hiver 1777, elle est pourtant sur le point d'échouer.

TROP FROID

Comme toujours, le froid interrompt les combats. Les Britanniques s'installent confortablement à Philadelphie, la capitale Américaine, prise à l'automne. L'armée du général Washington éta-blit son camp dans la Valley Forge, à quelques 30 kilomètres au nord-ouest de la ville.

Pendant les premières semaines, les hommes se blottissent dans des tentes en attendant la cons-truction de cabanes en rondins. Mais le temps se dégrade et les réserves s'épuisent. Sans argent ni assez de nourriture, de vêtements et de couver-tures, l'armée souffre. Beaucoup d'agriculteurs des environs préfèrent aussi vendre leurs pro-duits aux Britanniques qui payent mieux.

Le général Washington supplie les politiques de lui envoyer des vivres et de l'argent mais les nouveaux États sont pauvres.

La faim et la maladie gagnent rapidement les cabanes infestées par les poux. Les soldats meurent par dizaines puis par centaines.

Sur les 12 000 soldats de départ, quelques 3000 meurent au cours de l'hiver. Ils sont encore plus nombreux à déserter et rentrer chez eux. Au printemps, ce qui reste de l'armée tient à peine sur ses jambes, quant à combattre ! Pourtant, par sa seule volonté, le général Washington parvient à garder le reste de ses troupes.

Avec les beaux jours, les nouvelles tant atten-dues arrivent : la France a enfin déclaré la guerre à l'Angleterre, son vieux rival, et envoie des troupes et des bateaux pour venir en aide aux nouveaux États.

À Valley Forge, le général Washington est passé tout près de la défaite. S'il n'avait pas réussi à maintenir la cohésion de son armée, l'Amérique aurait perdu la guerre. ▼

LA DIGUE : les navires français bloquent l'arrivée des vivres d'Angleterre.

LE MONDE À L'ENVERS

Illustration de GINO D'ACHILLE

En octobre 1781, le général Washington stupéfie le monde entier lorsque, aidé par ses alliés français, il prend au piège 8 000 soldats britanniques à Yorktown. Notre envoyé spécial témoigne.

DEPUIS TROIS longues années, les Américains essayent de battre les Britanniques. En août dernier, apprenant que les Français dépêchent une flotte en Virginie pour bloquer l'armée anglaise stationnée dans cette région, le général Washington quitte le nord avec 18 000 hommes, américains et français, pour aller à la rencontre de la flotte. J'étais avec eux.

L'HEURE DE GLOIRE DU GÉNÉRAL

Les hommes avancent rapidement, bien décidés à coincer le général Cornwallis qui attend à Yorktown les vivres envoyées par l'Angleterre. À la fin du mois de septembre, les Britanniques sont pris au piège. Les Français bloquent toutes les issues par la mer ; les troupes du général Washington resserrent l'étau sur terre.

Le 17 octobre, nous apprenons que Cornwallis a essayé la nuit précédente de faire passer ses hommes par un fleuve, dans une vaine tentative de les mettre en sécurité. Mais ses navires ont été repoussés par un orage.

Deux jours plus tard, pendant qu'une troupe britannique joue « The world Turned Upside Down », une musique populaire américaine, les hommes de Cornwallis sortent de Yorktown et déposent les armes.

Les troupes du général Washington sont stupéfaites. Qui aurait pensé un jour que cette armée du terroir accepterait la capitulation d'une armée de 8 000 soldats de métier britanniques ?

Les officiers américains et français avec lesquels j'ai eu l'occasion de discuter rendent hommage à la rapidité avec laquelle le général Washington a vu et saisi sa chance. « C'est un véritable chef-d'œuvre de manœuvre militaire » a ajouté l'un des commandants. « Seul le général Washington en était capable ».

Ian Thompson

VAINCUS : un quart de l'armée britannique capitule à Yorktown, en Virginie. C'est la dernière grande bataille de la guerre.

LES LOYALISTES BATTENT EN RETRAITE

Illustration de CHRIS MOLAN

UN CHOIX DOULOUREUX : par crainte de représailles après leur défaite, environ 100 000 loyalistes fuient leurs maisons.

Nous sommes au début de 1783 : la Grande-Bretagne est sur le point d'accepter l'indépendance de l'Amérique. Voici ce qu'en pense un loyaliste de Georgie, resté fidèle à la couronne d'Angleterre.

❓ Pourquoi êtes-vous resté fidèle au Roi ?
L'Angleterre, la nation la plus puissante au monde, nous a aidé à nous bâtir une vie agréable ici, en Amérique. En échange de notre loyauté, nous avions sa protection. Nous n'avions aucun problème et à mon avis, l'indépendance ne va rien nous apporter de bon.

❓ Avez-vous participé aux combats ?
Non. Je n'avais aucune envie de me battre contre mes voisins et mes amis. Lorsque les troupes britanniques sont arrivées en Georgie en 1778, j'étais sûr que les loyalistes, si nombreux, se soulèveraient et établiraient un nouveau gouvernement qui dirait « non » à l'indépendance et voterait pour rester rattaché à l'Angleterre. Jamais je n'aurais imaginé qu'une telle guerre opposerait patriotes et loyalistes.

❓ Pensiez-vous que la Grande-Bretagne gagnerait ?
Si les navires français n'avaient pas bloqué l'arrivée des vivres, les Britanniques auraient pu facilement contrôler les grandes villes qui auraient alors servi de bases pour vaincre l'armée du général Washington.

❓ Qu'ont fait les loyalistes comme vous lorsque la victoire a commencé à changer de camp ?
Les combats se sont intensifiés un peu partout entre les deux camps. Meurtres et vengeances se sont accrus entre les voisins d'hier. La haine est telle qu'il est devenu impossible de continuer à vivre ensemble en paix.

❓ Est-ce pour cette raison que vous quittez la Georgie ?
Oui. Mon affaire est en ruine et je crains pour la vie de ma famille. Trop de maisons de loyalistes ont été brûlées. Pratiquement tous ceux que je connais sont sur le point de partir. Je pars avec ma famille pour la Nouvelle-Écosse demain. Je vais essayer de reconstruire ma vie mais j'ai le cœur brisé. ⚑

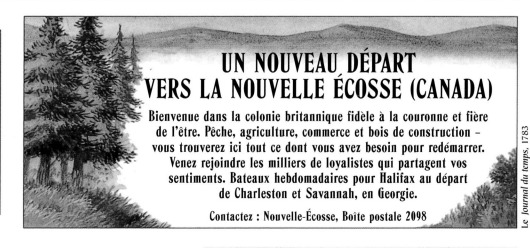

Bridgeman Art Library

GEORGE WASHINGTON : un général devenu président.

L'HOMME DE LA SITUATION

La paix est rétablie en 1783. Mais ce n'est que 6 ans plus tard que le pays se dote d'un gouvernement. En avril 1789, le *Journal du temps* est à New York, le jour où George Washington devient le Premier président des États-Unis.

LE MOIS DERNIER, les dirigeants élus des États-Unis se sont attelés à une tâche très importante : trouver un président. George Washington est le seul homme qui fait l'affaire même si certains doutent qu'un bon soldat puisse devenir un bon président en temps de paix. Sera-t-il capable de panser les blessures de la guerre et parviendra-t-il à gouverner le pays avec fermeté ?

Sa popularité, elle, ne fait aucun doute. Il est acclamé tout au long du trajet qui sépare sa maison de Virginie à la ville de New York. Son arrivée au pouvoir est très largement soutenue par la population.

Au cours de la cérémonie d'investiture, tout le monde peut voir à quel point George Washington est nerveux. Il n'a jamais été un grand orateur et il tremble littéralement de trac en lisant son discours !

Tous ceux avec qui nous avons discuté estiment que le plus dur est maintenant de transformer 13 États totalement différents en une nation unie. Le président est aidé par le sentiment qu'ont les Américains d'appartenir à une seule et même patrie, de faire partie d'un grand pays. Comme le dit si bien mon conducteur de fiacre « Nous sommes tous Américains aujourd'hui et l'avons toujours été. »

Si les quatre millions d'Américains partagent la vision présidentielle d'États unis forts, libres et prospères, ce pays sera un parfait exemple pour les autres nations pendant de très nombreuses années. ▼

LES LENDEMAINS DE LA RÉVOLUTION

LA RÉVOLUTION AMÉRICAINE pour l'indépendance a provoqué des réactions dans le monde entier. En voici les raisons :

Tout d'abord, elle montre qu'un jeune pays, sans armée, sans marine et sans argent est capable de vaincre un empire tout puissant à la tête de flottes, d'armées et de colonies dans le monde entier.

Ensuite, la toute jeune nation instaure un nouveau type de gouvernement. Balayés les rois et les reines, le pays se dote d'un président et de députés (le Congrès) choisis par le peuple. C'est la plus jeune et la plus grande république au monde.

Et surtout, les votants sont libres et égaux et peuvent élire ou rejeter leurs dirigeants comme bon leur semble. Ils jouissent de la liberté d'expression, de la liberté religieuse et du droit de s'assembler librement pour faire connaître leurs idées. Aucun gouvernement ne peut leur retirer ces droits : ils sont inscrits dans la Constitution qui a donné naissance aux États-Unis.

Chose étonnante, tout semble fonctionner. Dans toute l'Europe, les peuples commencent à considérer la révolution américaine comme un modèle de réussite. Si cela a marché là-bas, pourquoi pas ici ?

Un roi faible et indifférent aux souffrances de ses sujets gouverne la France depuis des années. La révolution américaine donne au peuple français l'inspiration qui lui manque pour prendre son destin en main et mettre en place les réformes de fond devenues nécessaires. Mais le prix à payer est élevé : des milliers d'innocents vont laisser leur vie dans ce soulèvement.

LE POUVOIR AUX MAINS DU PEUPLE !

Illustration de JUAN WIJNGAARD

LA PRISE DE LA BASTILLE : les Parisiens en colère attaquent la Bastille, en quête de poudre à canon.

Durant les beaux jours du mois de juillet 1789, le peuple français finit par se rebeller contre son souverain. Le 14 juillet, une foule excédée s'empare de la Bastille, forteresse parisienne servant de prison d'État et d'arsenal, déclenchant une révolution qui va secouer le monde entier. Un envoyé spécial du *Journal du temps* était sur place.

LES TROUBLES secouent le pays depuis plusieurs mois, mais à Paris, la colère est montée d'un cran.

Les gens que j'ai interrogés en ont ras-le-bol de payer les lourdes taxes exigées par le roi Louis XVI alors que la noblesse et le clergé mènent une vie oisive et en sont exemptés.

On dit que le roi Louis XVI connaît les doléances de son peuple mais cela lui est égal. Le bruit court qu'il a même fait venir son armée dans Paris en cas de révolte.

Cette rumeur est la goutte qui fait déborder le vase. Il y a deux jours, une multitude de Parisiens apeurés et furieux ont attaqué l'hôtel des Invalides, faisant main basse sur des centaines de fusils.

Depuis lors, le nombre d'émeutiers ne cesse de croître et une foule s'est rassemblée ce matin devant la Bastille, exigeant les réserves de poudre pour se protéger des troupes royales. Le gouverneur de Launay a refusé.

Au fur et à mesure que la journée avançait, la foule grossissait et la fureur montait. À un moment donné, les émeutiers ont pénétré dans la cour intérieure.

Les gardes positionnés sur les remparts ont fait feu sur la foule, tuant plusieurs personnes.

Les choses auraient pu en rester là mais à mon grand étonnement, un escadron de soldats est arrivé et s'est rangé du côté du peuple. Ils portaient plusieurs canons qu'ils ont pointé vers l'intérieur des portes d'entrée. Le gouverneur a capitulé et ordonné l'ouverture des portes.

Dans un hurlement, la foule s'est ruée dans la forteresse. Offices et entrepôts ont été dévalisés et les quelques prisonniers encore détenus, libérés en héros.

L'AVENIR S'ASSOMBRIT POUR LOUIS XVI

Tout Paris fête la prise de la Bastille – ivre de joie, la ville savoure sa bravoure et sa victoire face au roi. Et vu le nombre de soldats qui se mêlent à la foule, permettez-moi de vous dire que le roi va avoir une sacrée surprise s'il s'aventure une nouvelle fois à envoyer son armée contre le peuple !

VIVE LA LIBERTÉ ! Les derniers prisonniers de la Bastille sont libérés.

L'ABOLITION DES PRIVILÈGES

? Personne n'avait jusqu'alors osé imaginer que les nobles renonceraient à leurs privilèges. Que s'est-il passé ? Les nobles, dont je fais partie, évoluent avec le temps. La nuit dernière, tous les députés – nobles, ecclésiastiques et roturiers – ont voté l'abolition des différences.

Nous avons compris qu'il nous fallait faire quelques sacrifices pour le bonheur de tous les Français. Nous avons renoncé à des centaines de taxes et de services anciens dont les paysans s'acquittaient auprès de leur seigneur depuis des siècles. Dès à présent, tout le monde, sans exception, paiera une part équitable de taxes.

? Pourquoi renoncer à ce qui a fait votre fortune ? Rappelez-vous de la violence et des troubles auxquels nous avons assisté cet été. Je crois qu'abandonner les coutumes injustes du passé – et notamment celles auxquelles les paysans sont les plus farou-

Au printemps 1789, l'Assemblée Nationale est créé malgré le mécontentement du roi. Il est pourtant obligé de céder face aux troubles qui agitent le pays. À sa grande horreur, cette assemblée vote le 4 août 1789 l'abolition de nombreux privilèges octroyés à la noblesse. Le lendemain, le *Journal du temps* a interrogé l'un des députés, un noble, le vicomte de Noailles.

Jonty Clarke

L'ecclésiastique   *Le noble*   *Le roturier*

TOUS ENSEMBLE : La nouvelle Assemblée Nationale parle au nom de tous les Français.

chement opposés – est la meilleure façon de rétablir la paix et l'ordre. Il faut faire quelque chose ! Nous ne pouvons pas, comme le roi, faire comme si de rien n'était. Nous devons faire savoir au peuple que nous disons vrai lorsque nous parlons « d'égalité de droits pour tous ».

Qu'importe si je perds une partie de mes revenus. Apaiser le peuple et arrêter le bain de sang est à ce prix.

? Que se passera-t-il si les émeutiers n'acceptent pas la décision de l'Assemblée ? Bonne question ! Il faudra alors aller encore plus loin.

Certains révolutionnaires exigent que tous les nobles, y compris le roi, renoncent à leurs titres et deviennent de simples citoyens de France. Je ne crois pas que beaucoup de nobles acceptent d'aller si loin mais s'ils ne le font pas, personne ne sait comment tout cela se terminera. ✦

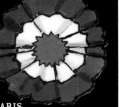

LA TENTATIVE DE FUITE DE LOUIS XVI

Illustrations de CAROLINE CHURCH

Effrayé par les décisions de l'Assemblée, le roi Louis XVI a secoué le pays entier en tentant de s'enfuir en secret de France le 21 juin 1791 pour rejoindre ses partisans à l'étranger. Retraçant son itinéraire, le *Journal du temps* a retrouvé les témoins de sa fuite.

Minuit, le 21 juin 1791

J'étais de garde la nuit où la famille royale s'est enfui. Une berline a quitté le palais à minuit mais j'ai eu le temps de voir à l'intérieur quelqu'un habillé d'un manteau grossier et coiffé d'une perruque. Pensant qu'il s'agissait d'un simple visiteur, je l'ai laissé passer. Je sais maintenant que c'était une ruse ! C'était le roi déguisé.
    Un soldat de la Garde nationale, Palais des Tuileries.

17 heures, le 22 juin 1791

Aujourd'hui, j'ai servi plusieurs passagers à bord d'une énorme berline verte. En faisant passer les bols de soupe chaude, j'ai vu que l'un d'eux était le roi ! Je n'ai rien dit ; je ne me mêle jamais des histoires des passagers qui s'arrêtent ici.
    Femme d'aubergiste, relais de poste de Châlons.

Toujours à 17 heures, le 22 juin 1791

À midi, je me suis rendu avec mes troupes sur le Pont de Somme-Vesle. Nous devions y retrouver le roi et le conduire vers l'est jusqu'à ses partisans. Nous avons quitté les lieux après 5 heures d'attente, sans aucune nouvelle de la berline. Nous avons pensé que le roi n'avait pas réussi à sortir de Paris.
    Un capitaine de la cavalerie royale.

20 heures, le 22 juin 1791

J'ai vu le roi ! Je n'ai fait que l'apercevoir tandis que la berline passait mais je savais que c'était lui. J'ai vérifié son portrait sur un billet de 50 livres et j'avais raison, j'ai bien reconnu sa vieille grosse tête. Je suis alors parti au galop pour donner l'alerte à l'étape suivante, Varennes. À 23 heures, on les avait tous pincés !
    Jean Drouet, maître de poste, relais de poste de Sainte-Menehoud.

Matin du 23 juin 1791

Les voyageurs arrêtés hier tard dans la soirée sont bien le roi et sa famille. Deux responsables sont arrivés ce matin accompagnés d'une escorte de la Garde nationale et de citoyens armés. Ils ont ramené la famille royale à Paris où leur sort va être décidé.
    Maurice Sauce, procureur de la Commune, Varennes.

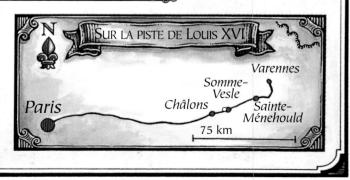

SUR LA PISTE DE LOUIS XVI

Paris   Châlons   Somme-Vesle   Varennes   Sainte-Ménehould

75 km

LE ROI EST MORT

Illustration de STEVE NOON

La France se rebelle contre le roi Louis XVI après sa folle tentative de fuite. Devant les tribunaux, il est jugé coupable de crimes contre la France. Le 17 janvier 1793, il est condamné à mort. Le *Journal du temps* lui a rendu visite en prison.

Sire ! Comment avez-vous été traité depuis votre arrestation ?

Ne m'appelez plus Sire ! Officiellement je ne suis plus roi et les gardes deviennent fous si on me traite comme tel.

J'ai été conduit avec ma famille dans la prison du Temple il y a plusieurs mois. Comme vous pouvez le constater, les pièces sont froides et nues et les gardes grossiers. Ils passent leur temps à entrer et sortir : je n'ai donc aucune intimité.

Mais tout cela n'est rien. Le plus cruel est que je n'ai pas été autorisé à voir ma femme ou mes enfants depuis le début du procès il y a plus d'un mois. C'est ce qui me peine le plus.

Pour beaucoup de gens, vous êtes un tyran qui mérite la condamnation à mort. Cela vous surprend-il ?

Plus rien ne me surprend à présent ! Mais ce n'est pas aussi simple. Depuis que l'Assemblée a voté l'instauration de la République, elle s'acharne à briser tout ce qui rappelle la royauté.

L'Assemblée doit m'écarter pour que mes partisans n'essayent pas de me rétablir sur le trône.

Selon vous, que se passera-t-il une fois que vous ne serez plus là ?

LES JOURS MEILLEURS : Louis XVI avant de perdre sa couronne.

J'ai peur pour ma famille. Elle n'est une menace pour personne et pourtant, je crains le pire. Les nouvelles autorités ont déjà fait guillotiner nos amis et parents les plus proches.

Pour ce qui est de l'avenir du pays, le désir de République convient très bien à un jeune pays comme l'Amérique.

Mais l'histoire a montré à maintes reprises que la France avait besoin d'un gouvernement fort. Dans une République, le pouvoir est aux mains de trop de personnes. Cela ne peut engendrer que le chaos et une guerre entre Français. Il n'y a qu'à regarder ce qui se passe actuellement !

Je suis inquiet pour la France. Je suis sûr que ma mort n'arrêtera ni la violence ni l'effusion de sang.

MORT D'UN ROI : Entouré de soldats, Louis XVI est conduit jusqu'à la guillotine. Son corps sera enterré dans une tombe anonyme.

LA TERREUR

Illustration de CHRIS MOLAN

LES LENDEMAINS DE LA RÉVOLUTION : La Terreur a été une période si terrifiante que la plupart des gens rêvaient de revenir à une vie plus normale.

La mort de Louis XVI marque un tournant dans la révolution. La France est attaquée de l'extérieur pendant que ses dirigeants se livrent une âpre bataille pour prendre les rênes du pouvoir. C'est alors, comme en témoignent ces coupures de presse, que se produit l'escalade.

SEPTEMBRE 1793

Le Comité de salut public constitue le véritable gouvernement révolutionnaire. Il décrète « le règne de la Terreur » contre tous ceux qui s'opposent à sa politique. Rien qu'au mois de septembre, le nombre d'accusés est tel que toutes les prisons sont combles ! Des cours spéciales sont instaurées pour juger plus rapidement les prisonniers et les condamnations à mort pleuvent. Le Comité de salut public est dominé par Danton puis à partir du 27 juillet 1793, par Robespierre – deux puissants membres du gouvernement.

OCTOBRE 1793

À partir d'octobre 1793, tout citoyen a le droit d'accuser un autre citoyen de traîtrise et le faire arrêter.

Plus personne n'est en sécurité. Même Marie-Antoinette, la veuve de Louis XVI a été guillotinée avec 21 députés girondins qui se sont prononcés contre la Terreur.

NOVEMBRE 1793

Philippe Capet, frère de Louis XVI est exécuté. À Lyon, 64 prisonniers, tous prétendument ennemis de la révolution, sont tués.

DÉCEMBRE 1793

Dans tout le pays, les nobles sont arrêtés et décapités. Les propriétés de ceux qui ont fui à l'étranger sont saisies sur le champ par le Comité.

JANVIER 1794

En Vendée, un soulèvement paysan est sévèrement réprimé par les révolutionnaires. Hommes, femmes et enfants sont tués et les villages brûlés en guise de représailles.

FÉVRIER 1794

On vient juste d'apprendre que tous les suspects arrêtés pour crimes contre la révolution verront leurs biens saisis, qu'ils soient coupables ou non.

MARS 1794

La Terreur fait irruption dans le Comité lui-même. Un club révolutionnaire appelé le club des Cordeliers demande des mesures encore plus draconiennes contre tous ceux qui doutent de la révolution. Ses membres sont rapidement arrêtés et exécutés sur les ordres de Robespierre.

Lorsque Danton, l'un des leaders du Comité, se prononce en faveur d'un assouplissement de la Terreur, il est arrêté avec ses amis. Robespierre est une fois encore à l'origine de ces arrestations. Cherche-t-il a garder le pouvoir pour lui seul ?

AVRIL 1794

Il y a quelques jours, Danton et ses amis ont été jugés et condamnés à mort à partir d'une preuve minime. En montant les marches qui le conduisaient à l'échafaud, Danton a déclaré que Robespierre ne tarderait pas à le suivre.

MAI 1794

La Terreur franchit un nouveau palier ce mois-ci, lorsque pratiquement tous les membres fondateurs de la révolution sont pris dans une rafle et envoyés à l'échafaud.

JUIN 1794

La folie qui s'est emparée de la France semble ne plus avoir de limites.

Robespierre et ses amis procèdent à l'arrestation de milliers de suspects – tous ceux en fait qui représentent une menace pour le chef du Comité.

Le nombre d'interpellations est tel que les casernes, les hôpitaux et même les couvents sont réquisitionnés et transformés en prisons. Le nombre d'exécutions ces dernières semaines est plus élevé que durant toute l'année dernière.

JUILLET 1794

Robespierre lui-même est arrêté ! Le peuple est dégoûté par la Terreur et les tendances s'inversent au sein du gouvernement. Abandonné par ses amis, Robespierre va maintenant devoir être jugé.

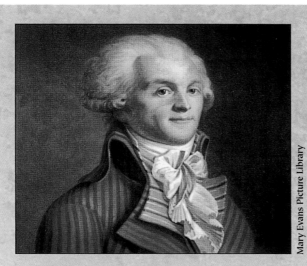

ROBESPIERRE : jeune, doué et sans pitié.

MORT D'UN TYRAN

Le soir du 28 juillet 1794, Robespierre, révolutionnaire brillant mais cruel, gravit les marches qui le séparent de la guillotine, marquant la fin du règne de la Terreur. Le *Journal du temps* raconte.

Après l'exécution hier de l'homme le plus redouté dans toute la France, des vagues de soulagement balayent le pays. Tout le monde espère que la mort de Robespierre va mettre un terme à la Terreur.

C'est la peur qui a précipité sa chute car tous ceux qui se trouvaient sur son chemin étaient exécutés. Très vite, les membres du gouvernement ont compris qu'un jour leur tour viendrait s'ils ne faisaient rien pour l'en empêcher.

Il y a seulement deux jours, deux responsables ont accusé Robespierre de se conduire en tyran et ont demandé son arrestation. Il a été jugé puis condamné sur le champ. Hier, il a été mené avec 100 de ses partisans à l'échafaud.

Quand le gouvernement réalisera-t-il le danger que représente le Comité de salut public et décidera-t-il de le démanteler ?

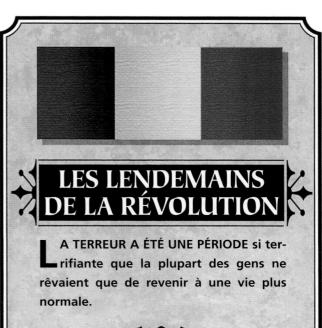

LES LENDEMAINS DE LA RÉVOLUTION

LA TERREUR A ÉTÉ UNE PÉRIODE si terrifiante que la plupart des gens ne rêvaient que de revenir à une vie plus normale.

Après la mort de Robespierre, un nouveau gouvernement est formé mais il s'avère trop faible pour mettre un terme aux querelles entre les différents groupes qui le composent. Progressivement, les partisans d'un pouvoir fort qui remettrait de l'ordre en France se font plus nombreux.

En 1799, plusieurs dirigeants font appel à l'armée, et notamment à un jeune général du nom de Napoléon Bonaparte. En novembre 1799, ce dernier s'empare du pouvoir : ainsi s'achève la révolution.

Bien que terminée, la révolution a bouleversé la France à jamais et semé les graines qui donneront naissance au pays démocratique que l'on connaît aujourd'hui.

La révolution a aussi joué un rôle décisif dans le reste de l'Europe : les peuples refusent désormais d'être gouvernés par un roi tout puissant qui imposerait un pouvoir absolu. Dorénavant, aucun roi, reine ou noble ne se sentira totalement en sécurité.

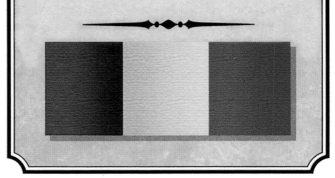

La Révolution française a donné des idées à de nombreux mouvements de révolte. Très rapidement, des insurrections ont éclaté un peu partout dans le monde. Comme le prouvent ces quelques exemples, toutes n'ont pas été un succès.

Illustration de PETER VISSCHER

LES RÉVOLUTIONS

1804 — HAÏTI : LES ESCLAVES SE LIBÈRENT

Dans la riche colonie sucrière de Haïti, située dans la mer des Antilles, les esclaves sont huit fois plus nombreux que les propriétaires de plantations. En 1804, lors d'une révolte contre les colons Français, les esclaves se soulèvent et s'emparent des villes et des campagnes. Menés par Toussaint L'Ouverture, ils renversent le gouvernement local. La France envoie alors des troupes pour écraser la rébellion et capturer Toussaint. Quelques années plus tard, Haïti gagnera pourtant son indépendance.

1819 — COLOMBIE : LA LIBÉRATION

Après de longues années de domination espagnole, les colonies sud-américaines aspirent à la liberté comme les États nord-américains. Après une série de batailles, le général Simón Bolívar met les armées espagnoles en déroute. Il participe à la libération des peuples, d'abord en Colombie en 1819, puis au Pérou quelques années plus tard. Sa popularité est telle qu'il donne même son nom à une nation, la Bolivie. Aujourd'hui encore, son souvenir est toujours intimement lié à la liberté en Amérique du sud.

1848–1849

L'EUROPE EN RÉBELLION

Au printemps 1848, un vent de révolte balaye l'Europe. À Paris et à Vienne (Autriche), les rues sont barrées par des barricades ; à Berlin (Allemagne), de violents affrontements éclatent ; en Hongrie et en Italie, des mouvements pour détrôner les dirigeants étrangers naissent.

Les peuples s'insurgent contre l'autoritarisme des souverains. Ils réclament des élections et une participation au gouvernement, soit par l'instauration de parlements travaillant avec les monarques soit par le renversement de la royauté et l'instauration d'une république.

La réaction des dirigeants est sans pitié. Des milliers d'insurgés perdent la vie et les soulèvements se calment. L'ordre ancien sort ébranlé et des changements vont commencer à voir le jour.

Les esclaves haïtiens prennent les armes contre les colons.

HAÏTI

COLOMBIE

Simón Bolívar, libérateur de la Colombie.

N

O E

S

DE 1800 À 1905

Début pacifique pour le tristement célèbre
Dimanche rouge.

RUSSIE

EUROPE

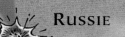

INDE

CHINE

Les rebelles des Taiping partent en guerre
contre la dynastie mandchoue.

Des affrontements éclatent à Vienne
et dans toute l'Europe.

Les indiennes refusent d'obéir aux ordres
de la Couronne britannique.

AUSTRALIE

Les ouvriers australiens défient le pouvoir
de Grande-Bretagne.

1851 — LA CHINE : LES REBELLES CÉLESTES

Pendant des siècles, les empereurs mandchous ont gouverné la Chine. En 1850 pourtant, un enseignant conduit une rébellion qui a bien failli les renverser. Il s'établit dans un village et s'autoproclame empereur de l'empire céleste de la Grande Paix (Taiping). À partir de là, sa rébellion se propage doucement jusqu'à absorber la ville de Nankin. Il faut 14 ans et plus de 20 millions de morts avant que l'armée impériale ne parvienne à écraser les rebelles. La rébellion des Taiping a affaibli la dynastie mandchoue mais n'est pas parvenue à la détrôner.

1851 — AUSTRALIE : LA RÉVOLTE DES MINEURS

À Ballarat, au sud de l'Australie, une violente protestation à propos des redevances minières exorbitantes se transforme en rébellion contre le gouvernement. Tout commence par la construction par des mineurs d'un fort en bois le – Eureka Stockade – destiné à combattre le gouvernement australien, alors sous domination anglaise. Très vite, les mineurs réclament un nouveau parlement. Même si le Stockade tombe aux mains des troupes britanniques, les mineurs ont été soutenus par le peuple et ont contraint le gouvernement à modifier certains aspects de sa politique.

1857

LA RÉVOLTE INDIENNE

L'Inde est le joyau de l'Empire Britannique, même si peu d'Indiens en sont flattés. L'année 1857 voit une importante rébellion des troupes indiennes servant l'armée britannique. Elles contestent leurs ordres et protestent contre l'autoritarisme du gouvernement britannique en Inde. La révolte dure deux longues années, faisant des milliers de victimes. Une fois maîtrisée, elle devient pour beaucoup d'Indiens le début de la lutte pour l'Indépendance qui va se poursuivre pendant près d'un siècle.

1905

LA RUSSIE AU BORD DE LA RÉVOLUTION

En janvier, lors du célèbre Dimanche rouge, l'armée et les troupes du tsar tirent sur des manifestants venus pacifiquement remettre une pétition à ce dernier. En apprenant le massacre, la nation entière se soulève. Des grèves et des manifestations éclatent partout ; à Saint-Pétersbourg, les ouvriers mettent en place un nouveau gouvernement. Le tsar Nicolas II finit cependant par envoyer son armée pour vaincre les rebelles et tuer la révolution dans l'œuf. Il accepte la création d'un parlement élu, la Douma, mais celui-ci n'a pas d'autorité réelle. Le tsar s'accroche à son pouvoir, étouffant le feu de la révolution.

EN DÉPIT DE L'ÉCHEC DE L'INSURRECTION DE 1905, LES RUSSES N'ABANDONNENT PAS LA LUTTE CONTRE LE POUVOIR. DOUZE ANNÉES PLUS TARD, ILS SONT DE NOUVEAU PRÊTS À TENTER L'AVENTURE. C'EST LA PREMIÈRE GUERRE MONDIALE QUI SERT CETTE FOIS DE DÉCLENCHEUR CAR ELLE PROVOQUE D'IMPORTANTES PÉNURIES ALIMENTAIRES DANS LE PAYS ET CONTRIBUE À AFFAIBLIR L'ARMÉE. LE TSAR NE PEUT PLUS COMPTER SUR SES TROUPES POUR FAIRE CESSER LES TROUBLES.

SAINT-PÉTERSBOURG À FEU ET À SANG !

En février 1917, une énorme foule d'ouvrières défile dans les rues de Saint-Pétersbourg, alors capitale de la Russie, pour protester contre le manque de nourriture. Notre envoyé spécial a assisté à cet événement qui a bouleversé le cours de l'histoire.

COMME SI les rigueurs de la guerre n'étaient pas suffisantes, la Russie connaît l'hiver le plus froid depuis des années. Les routes et les voies ferrées sont bloquées par la neige et la glace ; la capitale manque de combustible, les boulangers n'ont plus de farine et le peuple a faim.

Il y a quelques jours, le 23 février, jour international de la Femme, le temps s'est légèrement radouci. Profitant d'un petit −5° C, les femmes se sont rassemblées dans le centre de Saint-Pétersbourg pour défiler gaiement en faveur de leurs droits et protester contre la pénurie de pain et de charbon.

Dans l'après-midi, elles sont rejointes par toutes celles qui sortent des usines. Plus de cent milles personnes convergent ainsi vers le centre-ville.

La police étant impuissante à arrêter le défilé, le gouvernement envoie une troupe de soldats cosaques pour refouler les manifestantes. Mais ceux-ci refusent d'utiliser la force et les laissent passer sans intervenir. Ce soir-là, les femmes rentrent chez elles étonnées de l'attitude des soldats et stupéfaites de leur propre audace.

Le lendemain, une foule encore plus dense, d'hommes et de femmes cette fois-ci, descend dans la rue. Le jour suivant, les usines et tous les lieux de travail restent fermés : tout le monde est dans la rue.

LE TSAR EST ALLÉ TROP LOIN

Le peuple en a assez. Les gens arborent au grand jour des banderoles sur lesquelles ils ont écrit « À bas la guerre » et même

LES MANIFESTATIONS DE FÉVRIER : les habitants de Saint-Pétersbourg manifestent leur colère envers le tsar en défilant dans le centre de la capitale.

SOUS LE FEU : La police ouvre le feu sur la foule.

Illustration de Mike White

L'ABDICATION DE NICOLAS II

Bridgeman Art Library

Avec l'abdication de Nicolas II, c'est trois siècles de traditions qui disparaissent d'un seul coup. Voici, vu depuis Saint-Pétersbourg, le récit de ce tournant dans l'histoire de la Russie.

LE 2 MARS 1917 un événement incroyable bouleverse la Russie. Quatre jours seulement après avoir perdu la mainmise sur la capitale, le tsar Nicolas II abandonne le pouvoir !

La nouvelle est accueillie avec allégresse par l'ensemble de la population. La Douma, le parlement russe jusque-là en grande partie boudé par le tsar, profite de l'occasion pour s'engouffrer dans la brèche.

Il ne fait aucun doute que les manifestations de la semaine précédente ont permis de lever le voile sur une situation qui fermentait depuis plusieurs années. La réaction du tsar a montré sa totale insouciance. Indifférent aux besoins de son peuple, il a choisi d'utiliser la force pour écraser la protestation. Il est finalement pris au piège par sa décision.

PAS DE POUVOIR SANS ARMÉE

La Première Guerre Mondiale met l'armée, jusqu'alors fidèle au trône, à rude épreuve. Combattre l'ennemi est une chose, mais tuer ses frères en est une autre. Les généraux sont impuissants face au refus des soldats d'obéir aux ordres du tsar.

Ils conseillent alors vivement à ce dernier d'abdiquer, ce qu'il finit par faire lorsqu'il comprend qu'il n'a pas le choix. La seule autre solution serait d'accepter de donner le pouvoir à un gouvernement librement élu. Cette idée lui est tellement insupportable qu'il ne l'examinera même pas !

Il envisage de céder le trône à son fils aîné mais celui-ci est beaucoup trop fragile. Dans sa lettre d'abdication, Nicolas II nomme donc comme successeur son frère, le Grand Duc Michel.

Les dirigeants de la Douma craignent que leurs espoirs de changements ne soient déçus. Ils n'ont pas à s'inquiéter longtemps ! Ayant assisté aux affrontements de Saint-Pétersbourg, le Grand Duc Michel refuse le trône et s'enfuit de Russie, terrorisé.

Plus personne ne sait réellement ce qu'il est advenu du tsar et de sa famille. Certains prétendent qu'ils pourraient avoir été emprisonnés pour leur propre sécurité.

« À bas le tsar ». C'est alors que Nicolas II commet sa plus grosse erreur.

Il est informé de la situation dans son palais de campagne. Au lieu de revenir dans la capitale, il se contente d'ordonner à ses troupes de stopper les protestataires par la force.

Au matin du 26 février, la ville grouille de soldats armés et de policiers. Lorsque les manifestants s'approchent du centre ville, la police ouvre le feu. Mais au lieu de s'éparpiller, la foule se défend alors avec grand courage. Partout des batailles de rue font rage.

LES TROUPES DU CÔTÉ DU PEUPLE

Le tsar perd le contrôle de la capitale dans les heures suivantes car les soldats refusent de tirer sur la foule. Très vite, tous les soldats rejoignent les manifestants.

Ensemble, soldats et civils prennent le contrôle de la ville, bloquant les ponts et les principaux carrefours pour empêcher toute sortie ou entrée.

Puis, dans un brusque accès de colère contre les policiers, ils attaquent et brûlent les postes de police.

Dans la soirée de dimanche, la révolution est enclenchée. Les habitants de Saint-Pétersbourg se sont levés contre leur tsar !

Nicolas II ordonne à ses généraux d'envoyer de nouvelles troupes. Ces derniers, sachant que leurs hommes rallieront la cause du peuple, refusent. Le tsar vient de brûler sa dernière cartouche !

RIA-Novosti/Sovfoto

QUE SONT-ILS DEVENUS ? Le tsar Nicolas et sa famille.

DE RETOUR POUR SERVIR LE PARTI : Lénine est accueilli par ses camarades du parti bolchevique à Saint-Pétersbourg.

Collection David King

LE RETOUR DE LÉNINE

Après le départ du tsar, les exilés russes reviennent en masse. L'un d'eux, Vladimir Lénine, chef du parti révolutionnaire bolchevique, est accueilli à la gare par notre envoyé spécial.

⚒ Depuis combien de temps êtes-vous en exil M. Lénine ?

Depuis beaucoup trop longtemps ! depuis 1901. Poursuivi par la police du tsar pour activité révolutionnaire, j'ai été contraint de quitter la Russie. Mon pays m'a beaucoup manqué et j'ai souffert d'être toujours surveillé comme un fauteur de troubles. Mais les membres du parti bolchevique ont poursuivi la mission qui était la leur : préparer une révolution de grande envergure en Russie.

⚒ La révolution a commencé il y a un mois. Pourquoi avez-vous tant tardé à revenir ?

Tout est arrivé plus rapidement que je ne le pensais sinon je serais rentré il y a plusieurs semaines. Aujourd'hui, avec le gouvernement faible mis en place par la Douma et la guerre qui persiste, les conditions sont réunies pour mener à bien une véritable révolution ouvrière. Les ouvriers russes doivent s'emparer du pouvoir avant qu'il ne soit trop tard.

⚒ Quels sont vos plans ?

D'abord, rencontrer mes camarades bolcheviques. Tous, nous devons faire comprendre au peuple qu'il est impératif que la Russie se retire de la guerre. Ces imbéciles du gouvernement provisoire mènent la Russie à la ruine s'ils maintiennent son engagement dans le conflit.

⚒ Est-ce tout ce que veulent les Bolcheviques ?

Bien sûr que non ! Nous croyons en une voie communiste – redistribution des terres aux paysans ; gestion des industries par les ouvriers eux-mêmes. En gros, nous défendons trois grands principes : « la paix, la terre et le pain ».

⚒ Que veut dire le terme « bolchevique » ?

Il signifie le parti de la « majorité » - exactement ce qu'il deviendra une fois les opposants battus. Je suis ici pour mener cette mission à bien ! ⚒

Après le retour de Lénine, notre spécialiste politique a établi un guide pratique pour permettre à nos lecteurs de comprendre qui sont les bolcheviques :

1. Les bolcheviques constituent un groupe révolutionnaire. Le parti a été fondé en 1903 en Angleterre, pays où se sont réfugiés ses fondateurs (Lénine entre autres), poursuivis par la police pour avoir préparé un complot contre le tsar.

2. Leur révolution prolétarienne s'inspire des écrits du philosophe Karl Marx.

3. Ils préconisent la prise du pouvoir par la force puis la propagation de leurs idéaux révolutionnaires : retirer l'argent et le pouvoir à une poignée d'hommes pour les donner au plus grand nombre : les ouvriers et paysans de Russie.

4. Les bolcheviques veulent abolir la propriété privée de la terre, des usines et des magasins. Tout sera désormais détenu par le peuple.

LE PALAIS D'HIVER ASSIÉGÉ

Collection David King

LES RÉVOLUTIONNAIRES AUX PORTES DU PALAIS : Les bolcheviques ont envahi le palais d'Hiver qui est le siège du gouvernement provisoire.

L'attaque survient un peu après 21h00. L'*Aurore*, un croiseur ancré sur la Néva au centre de la ville, donne le signal de l'assaut du palais d'Hiver.

La suite est davantage marquée par les cris que par les tirs. Les gardes, fatigués d'attendre depuis le matin des ordres qui ne viennent pas, se sont pour la plupart éclipsés tôt pour manger. À leur arrivée, les bolcheviques ne trouvent donc plus personne pour les arrêter.

Les derniers membres du gouvernement provisoire sont arrêtés juste après minuit. Léon Trotski, organisateur de la révolution avec Lénine, annonce le remplacement du gouvernement.

La prise du pouvoir s'est faite assez facilement. Mais demain ? Aucun des autres groupes politiques ne soutient les bolcheviques – c'est peut-être maintenant que le combat va commencer. ◪

En octobre 1917, la révolution russe prend un tour étrange. Le *Journal du temps* retrace les événements des deux journées qui ont vu le renversement du gouvernement provisoire.

TOUT LE MONDE savait ici que le parti bolchevique tramait quelque chose. Le gouvernement en place depuis la chute du tsar n'a pourtant pas voulu prendre la menace au sérieux.

Le 24 octobre au soir, par un froid de canard, des groupes de bolcheviques armés ont commencé à patrouiller dans les rues, prenant le contrôle du central téléphonique, du bureau de poste, des gares et des postes de police.

Le changement était peu perceptible : les trams continuaient de rouler, les magasins restaient ouverts et pourtant les bolcheviques venaient de prendre le contrôle de la ville.

NON DÉSIRÉ ET MAL AIMÉ

Populaire au début, le gouvernement provisoire a vite montré son inefficacité et l'extrême faiblesse de son dirigeant, Alexandre Kerenski. Il n'a donc pas trouvé grand monde pour le défendre.

C'est le lendemain qu'Alexandre Kerenski réalise la gravité de la situation. Dans une dernière tentative de résistance, il quitte Saint-Pétersbourg pour chercher des troupes encore fidèles.

Mais c'est peine perdue. Les bolcheviques se sont assurés de la loyauté des soldats et des marins de Saint-Pétersbourg avant de porter le coup final. L'entreprise de Kerenski était vouée à l'échec ! Il n'est jamais revenu.

LES BOLCHEVIQUES AU POUVOIR

Lénine est l'artisan de la prise du pouvoir mais c'est Trotski qui est celui du maintien du parti bolchevique. Brillant organisateur, Trotski est prêt à accomplir les besognes les plus difficiles. Un an après la révolution d'Octobre, nous lui avons demandé de faire le point sur la situation.

Collection David King

❓ Quelle a été votre première tâche après la prise de pouvoir par le parti ?

Une fois Saint-Pétersbourg et Moscou sous notre contrôle, le plus difficile a été de mettre un terme à la guerre. En tant que chef des Affaires Étrangères, c'est moi qui ai dû signer un traité de paix avec l'Allemagne. L'armée russe était de toute façon sur le point de s'effondrer et nous n'avions pas d'autre alternative.

❓ Pourquoi avez-vous décidé de faire de Moscou la nouvelle capitale du pays ?

Pour deux raisons. D'une part, Saint-

Mary Evans Picture Library

OUTIL DE PROPAGANDE : des affiches propagent les idées bolcheviques aux quatre coins de la Russie

Pétersbourg est trop proche de la frontière. La dernière avancée des Allemands les a portés dangereusement près de la ville. Lénine pense aussi que la capitale doit se trouver plus à l'est, plus près du cœur de la Russie.

❓ La fin de la guerre a-t-elle réjoui tout le monde ?

Oui, en majeure partie. Mais nos idées sont toujours contestées, notamment par les autres partis politiques. Nous ne les laisserons pas nous barrer la route, même si cela doit se solder par des vies perdues. Vous pensez peut-être que c'est dur, mais que représente la vie d'un individu face à la survie de la révolution ?

En début d'année, il a bien fallu tuer le tsar et sa famille. Nous ne pouvions pas risquer de voir nos opposants les remettre sur le trône.

❓ Qu'en pensent les travailleurs ? Vous soutiennent-ils ?

Oui, lorsqu'ils se rendent compte de ce que nous faisons pour eux. Il est capital qu'ils

sachent pourquoi nous faisons la révolution. C'est pour cette raison que les membres du parti consacrent tant de temps à coordonner les foules en se déplaçant dans tout le pays pour faire des conférences et montrer des films. Et aussi pourquoi nous placardons des affiches partout – pour propager nos idées.

❓ Avez-vous des regrets jusqu'à maintenant ?

Non, même s'il nous reste encore beaucoup de chemin à parcourir. Mais comme le dit toujours Lénine, la révolution demande un grand courage et une conviction sans faille.

Collection David King

Novosti

Bridgeman Art Library

DISPARU MAIS TOUJOURS PRÉSENT : L'image de Lénine vit toujours.

ICI REPOSE LÉNINE

À la mort de Lénine en janvier 1924, l'avenir de la révolution est encore incertain. La question que tout le monde se pose, au cœur du deuil, est celle de la succession de son leader.

LA RUSSIE est sous le choc depuis l'annonce, hier, de la mort prématurée de son leader, Vladimir Ilyich Lénine, à l'âge de 54 ans.

Depuis plusieurs mois, des rumeurs couraient sur la dégradation de sa santé, mais personne, pas même les membres de son propre parti, ne connaissait la gravité de sa maladie.

Difficile aujourd'hui d'imaginer la révolution sans Lénine. En dépit de tous les problèmes, il est parvenu à la maintenir pendant les sept dernières années.

Il lui a d'abord fallu faire face au manque d'argent : l'engagement dans la Première Guerre Mondiale a laissé les caisses du pays presque vides.

Ensuite, il a fallu affronter deux années de guerres intérieures contre les factions anti-communistes. Si les bolcheviques sont sortis vainqueurs, la Russie est en triste état. Lénine a travaillé sans relâche pour remettre le pays sur pied, mais l'effort lui a coûté la santé.

À LA RECHERCHE D'UN DIRIGEANT

La révolution est loin d'être terminée – et la patience du peuple russe s'émousse – ce qui explique que les chefs actuels soient inquiets pour l'avenir. Qui pourrait remplacer Lénine ?

Le *Journal du temps* a découvert que cette question inquiétait Lénine lui-même de son vivant. Il craignait que Joseph Staline, un autre membre du parti, lui succède plutôt que quelqu'un comme son vieux camarade Trotski. Staline est connu pour son ambition et son intransigeance dès qu'il s'agit d'obtenir ce qu'il veut.

Ces préoccupations sont maintenant du passé. Comme les anciens pharaons, Lénine va être embaumé et placé dans un mausolée construit sur la Place rouge à Moscou pour permettre aux moscovites de venir rendre un dernier hommage au « Père de la révolution ». ◼

LES LENDEMAINS DE LA RÉVOLUTION

STALINE SUCCÈDE effectivement à Lénine. En 1929, il contrôle l'Union des Républiques Socialistes Soviétiques (URSS).

Les bolcheviques de Lénine se sont emparés du pouvoir au nom des travailleurs et des paysans russes. Ils rêvaient d'un partage plus équitable des richesses de la nation.

Sous Staline en revanche, toutes les richesses du pays sont détenues et contrôlées par le gouvernement. Les soviétiques travaillent aussi dur qu'avant mais leur niveau de vie ne s'est pas amélioré. Leur situation a même empiré car toute contestation est réprimée par la prison ou la mort. Des millions de personnes subissent un tel sort.

Pour bien des Soviétiques, la révolution devient alors une expérience douloureuse. Mais pour beaucoup d'étrangers, c'est une façon nouvelle et positive de gouverner un pays. Les partis communistes connaissent un formidable essor dans le monde entier. Dans certains pays, ils sont très florissants, dans d'autres, comme la Chine, ils renversent les gouvernements en place et s'installent.

LA LONGUE MARCHE

En 1934, l'Armée rouge est à deux doigts d'être écrasée par l'armée du Guomindang, le « parti nationaliste ». Pour lui échapper, elle entame une Longue Marche de 10 000 kilomètres. Le *Journal du temps* a rencontré l'un des survivants de cette épopée.

❓ Encore aujourd'hui, la Longue Marche sonne comme un incroyable exploit ? Pensez-vous que cela a été le cas ?

Tout à fait ! Puissamment armée, l'armée du Guomindang nous encerclait et nous attaquait sans pitié. Nous n'avions que deux options : nous enfuir ou être terrassés. Environ 100 000 hommes se sont mis en marche, en une seule colonne. Cette tactique était vouée à l'échec. Il était si facile de nous attaquer qu'au bout de seulement 10 semaines il ne restait plus que 40 000 hommes !

❓ Pourquoi étiez-vous à couteaux tirés avec le Guomindang ?

Ça c'est le propre des guerres civiles. Les deux partis voulaient diriger la Chine, mais de façon totalement différente. Les paysans formaient la majeure partie du peuple chinois et nous pensions que la réponse aux problèmes du pays était entre leurs mains. Si nous pouvions les unir et les amener à combattre pour nous, nous parviendrions à nous débarrasser de nos ennemis. Une fois cette partie achevée, nous pourrions prendre la terre

MARCHER EN CADENCE : les partisans communistes suivent leur nouveau chef, Mao Zedong.

aux riches propriétaires et la redistribuer aux paysans.

Le Guomindang était farouchement opposé à ces idées. Il avait besoin du soutien des gros propriétaires et des gens riches des villes. Son objectif était de nous détruire avant que nous ne soyons devenus trop forts.

❓ Comment s'est passée la Longue Marche ?

En un mot : épouvantable ! Après avoir quitté le sud de la Chine, nous avons zigzagué pendant une année entière à travers le pays pour échapper à l'ennemi. La maladie, la faim ou simplement l'épuisement ont eu raison de beaucoup d'entre nous. Seuls 8 000 hommes ont atteint la province nord-ouest du Shaanxi. La traversée du pont de Luding fut encore plus effroyable : à chaque fois que nous y mettions le pied, les fusils ennemis nous fauchaient. À la fin, une poignée de volontaires a traversé le pont par-dessous, accrochés aux chaînes, puis a gagné la route de l'autre côté.

❓ Et vos chefs, ont-ils fait du bon travail ?

Au début, nous avions plusieurs chefs puis, c'est Mao Zedong qui a pris le commandement. Il savait exactement où aller, même s'il nous a presque achevé à nous faire marcher ainsi des jours et des jours !

❓ Cette marche s'est pourtant achevée par un succès.

Oui, même si nous sommes arrivés au Shaanxi de justesse. Enfin, nous avons pu nous arrêter là et faire notre révolution – avec les paysans. Par bonheur, le Guomindang était alors si occupé à se battre contre les Japonais qu'il nous a oublié. Cela nous a laissé le temps de nous réorganiser et de reconstruire notre armée. ★

UNE DURE MARCHE : l'Armée rouge peine à se mettre en sécurité.

DE QUOI S'AGIT-IL ?

Lorsque les premières informations sur la Longue Marche sont arrivées, nous avons reçu de très nombreuses lettres nous demandant ce qu'il se passait. Voici l'une d'entre elles et la réponse que nous lui avons donnée.

Cher Monsieur,
Il est très rare que nous ayons des informations de ce qu'il se passe réellement en Chine. Nous savons que le pays est le centre d'un féroce combat mais nous n'avons pas la moindre idée de l'identité des protagonistes. Pouvez-vous nous en dire plus sur le sujet ?
H. Henke, Belgique

Cher M. Henke,
Pour répondre à votre lettre, le conflit actuel oppose deux grandes forces. La première est le parti communiste, dirigé par Mao Zedong.

Les idées de Mao sont très largement inspirées de celles des communistes russes mais, à l'opposé de ces derniers, sa révolution s'appuie principalement sur le milieu rural. Il pense que les paysans sont davantage prêts à se battre que les citadins et peuvent supporter davantage d'épreuves, peut-être parce qu'ils ont moins à perdre !

En face, le Guomindang, parti qui gouverne officiellement la Chine à l'heure actuelle, est mené par Chiang Kai-Shek. Il compte sur l'aide des riches propriétaires fonciers et des citadins aisés. Pour l'instant, l'armée japonaise lui donne du fil à retordre.

Il faut savoir que le Japon a envahi la Chine en 1931. Ces dernières années, il a pris le contrôle d'une bonne partie du nord-est du pays. La haine des Japonais est telle que le parti communiste et le Guomindang ont conclu une trêve pour les combattre mais une fois l'ennemi repoussé, les deux camps seront de nouveau rivaux. ★

Sovfoto/Eastfoto

LES CHEFS : Mao (à gauche) et Chiang Kai-Shek veulent tous les deux la Chine.

LE GRAND DÉBAT

En 1937, le *Journal du temps* a invité Mao Zedong et Chiang Kai-Shek à présenter leur programme aux lecteurs – ils n'auraient pas pu être plus différents !

MAO ZEDONG

Savez-vous pourquoi la Chine est si pauvre et si faible ? Parce que les dirigeants des villes sont médiocres et corrompus. Ils ne savent pas quel chemin emprunter et n'osent pas prendre les décisions difficiles dont le pays a besoin pour avancer. Ils comptent trop sur l'aide étrangère.

C'est auprès des millions de paysans qui vivent de la terre, qu'il faut chercher la force de la Chine. Le parti communiste l'a compris et nous savons aussi ce dont ils ont besoin car nous sommes à leur écoute.

Nous savons comment utiliser leur force pour reconstruire la nation. La première chose que nous ferons lorsque nous serons au pouvoir sera de réquisitionner toutes les terres, aujourd'hui aux mains d'une poignée de privilégiés, pour les diviser équitablement entre les paysans. Tout le monde aura sa part.

CHIANG KAI-SHEK

Le Guomindang est le parti idéal pour gouverner la Chine. Il est assez fort dans les villes riches et cultivées pour faire de la Chine un pays puissant et prospère.

Si vous pensez que l'avenir d'un pays se trouve chez les ploucs ignares des campagnes, réfléchissez bien. Les véritables dirigeants se trouvent parmi ceux qui sont ouverts sur le reste du monde.

Nous pouvons bâtir une nation florissante, à l'image de celle de nos amis américains. Ils sont même prêts à nous prêter de l'argent pour démarrer de nouvelles usines qui créerons du travail et des richesses. Notre seul obstacle : l'envahisseur japonais. Lorsque nous l'aurons chassé de Chine, nous n'aurons plus qu'à nous débarrasser de cet absurde parti communiste. La voie vers la prospérité sera alors enfin dégagée. ★

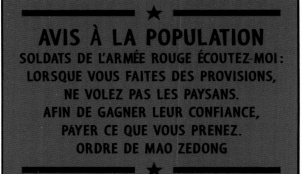

Le Journal du Temps, 1970

AVIS À LA POPULATION
SOLDATS DE L'ARMÉE ROUGE ÉCOUTEZ-MOI :
LORSQUE VOUS FAITES DES PROVISIONS,
NE VOLEZ PAS LES PAYSANS.
AFIN DE GAGNER LEUR CONFIANCE,
PAYER CE QUE VOUS PRENEZ.
ORDRE DE MAO ZEDONG

MAO MARCHE VERS LA

Par un jour venteux de février 1949, l'Armée rouge marche vers Pékin, la capitale chinoise. Après plusieurs année d'âpres combats, elle est enfin victorieuse. Notre envoyé spécial nous relate comment une armée en haillons et à moitié affamée s'est transformée en une machine militaire à l'origine de l'unification du pays.

EN REGARDANT PASSER l'Armée rouge, je n'ai pu m'empêcher de resonger à l'année 1936. À cette époque, le défilé n'aurait duré que quelques minutes, pas plusieurs heures !

Et pourtant, il y a seulement quatre ans, les troupes communistes étaient fortes d'un demi-million d'hommes. Aujourd'hui, cette armée triomphe et nous promet un avenir radieux sous la coupe de son dirigeant Mao Zedong.

Entre 1937 et 1945, période où la guerre avec le Japon est à son paroxysme, le conflit a pris jusqu'aux dernières ressources du parti communiste et du Guomindang. En même temps, il a donné au premier une chance unique de se développer. Les membres et les soldats du Parti ont traversé le nord de la Chine en petites unités pour porter le message de Mao. Ils sont allés jusque dans des zones détenues par les Japonais pour vivre et travailler avec les paysans.

En agissant ainsi, ils ont montré à tous que le communisme représentait l'espoir d'un avenir meilleur. Très vite, les

![L'HOMME FORT : Mao salue ses troupes victorieuses sur la Place Tienanmen à Pékin.]

L'HOMME FORT : Mao salue ses troupes victorieuses sur la Place Tienanmen à Pékin.

paysans les ont rejoints en masse, notamment dans les régions contrôlées par les Japonais. C'était l'occasion pour eux de se venger de l'ennemi.

La guerre fut plus dure pour le Guomindang qui a perdu beaucoup de ses troupes d'élites et de ses équipements. Les querelles entre dirigeants n'ont pas tardé et les officiers ont perdu tout pouvoir et toute volonté.

LA CHANCE TOURNE

Après la défaite du Japon, la rivalité entre deux anciens adversaires politiques ressurgit. La guerre civile a repris, avec cette fois, un net avantage pour l'armée de Mao dont les soldats sont plus disciplinés et engagés que ceux de l'adversaire.

En 1948, l'Armée rouge a la mainmise pratiquement partout. Une année plus tard, le Guomindang s'effondre et ce qu'il reste de son armée s'exile vers les îles voisines de Taiwan.

Quel est aujourd'hui l'avenir de l'Armée rouge et de la Chine ? Pour l'instant, tout le monde loue Mao. Les gens du peuple attendent avec impatience qu'il mette à exécution ses promesses. La terre sera alors redistribuée à ceux qui passent effectivement

CAPITALE

Mary Evans Picture Library

UN PAS EN AVANT, DEUX PAS EN ARRIÈRE

En 1958, alors que les communistes commencent tout juste à remettre la Chine sur pied, Mao décide que le pays doit aller beaucoup plus loin. Cette idée devient le célèbre « Grand Bond en avant ». Plusieurs années plus tard, une ouvrière, aujourd'hui à la retraite, se souvient.

AU DÉBUT, nous étions tous enchantés par le Grand Bond. Mao disait que l'on pouvait bâtir le pays plus rapidement si nous retroussions nos manches et travaillions d'arrache-pied. En 15 ans nous serions riches. Cela paraissait si formidable que personne ne réalisa à quel point c'était risqué.

Eastfoto

LE BOND DE L'ESPOIR : les employés de bureau s'appliquent à produire de l'acier.

En 1958, des millions de paysans se sont alors regroupés dans d'immenses coopérations et se mettent au travail. Jour et nuit, ils creusent des canaux d'irrigation pour apporter toujours plus d'eau aux cultures mais négligent pendant ce temps toutes les autres tâches agricoles.

Une autre partie de la population est chargée de construire des petits fours pour fabriquer de l'acier. En l'absence de minerai de fer, il leur faut utiliser de vieux outils. Peu importe qui ils sont – médecin, ouvrier, professeur – tous fabriquent de l'acier. Cet acier est bien souvent impur et inutilisable.

Le travail supplémentaire est devenu tel que beaucoup négligent leur activité principale. La récolte suivante est une catastrophe mais les dirigeants occultent l'étendue du désastre.

Vers 1960, la Chine connaît une pénurie alimentaire catastrophique. Cette année-là, le pays doit acheter ses céréales à l'étranger et la famine fait près de 20 millions de morts.

Les grandes idées de Mao ont été si mal préparées que les fermes s'effondrent et les usines produisent moitié moins qu'auparavant. Le Grand Bond en avant se transforme en un grand pas en arrière. ★

toute leur journée à la travailler.

Son programme de réorganisation des usines qui vise à les agrandir et les rendre plus efficaces est aussi très attendu. Une telle ambition est presque même trop belle pour être vraie aux yeux d'une population qui pâtit toujours des suites de la guerre et de la famine.

À présent, ceux qui ont vu les troupes rebaptisées « Armée de libération du peuple » défiler à Pékin, ne peuvent plus douter qu'une ère nouvelle est en train de naître.

Mais les communistes sont-ils capables de changer le destin de la Chine et d'en faire un pays où chacun mangera à sa faim ? Autrement dit, Mao est-il capable de tenir ses promesses ? L'avenir le dira. ★

AVIS À LA POPULATION

CAMARADES !
UNE RÉVOLUTION SE FAIT
AVEC DU FER ET DE L'ACIER.
PRENEZ LE TEMPS
AUJOURD'HUI DE VOUS
ATTELER À VOS FOURNEAUX
ORDRE DU PRÉSIDENT MAO

Le Journal du Temps, 1962

LE CHOC CULTUREL !

Après l'échec du Grand Bond en avant, Mao veut montrer aux Chinois qu'il est encore maître dans son pays. Il réplique donc par la Révolution culturelle, un régime de terreur qui secoue la Chine jusqu'au fond de l'âme. C'est seulement depuis peu qu'il est possible de raconter ce qui s'est vraiment passé.

★ UN ÉTUDIANT

J'avais 16 ans au début de la Révolution culturelle, en 1966. Mes amis et moi n'étions même pas nés lorsque Mao a pris le pouvoir mais nous avions encore l'âme révolution-naire lorsque nous avons répondu à son appel pour combattre ceux qui avaient oublié l'esprit de la révolution.

D'abord, nous nous sommes retournés contre nos professeurs qui se souciaient davantage d'éducation que de révolution. Nous les avons insultés, battus et chassés des classes. Nous avons fait la même chose avec les chefs du Parti. Ils pensaient être au-dessus des critiques mais nous les avons évincés !

★ UN DIRIGEANT DU PARTI

Je suis un chef du Parti depuis 1940 et j'ai été très choqué de la façon dont les étudiants s'en sont pris à nous. Ils nous ont humiliés et ont saccagé notre travail. Les autres chefs et même notre propre famille avaient trop peur pour prendre notre défense. Il nous a fallu quitter nos maisons

UN DUR LABEUR :
les citadins apprennent à travailler la terre.

Collection Mary Evans

et notre travail avec les paysans.

Si l'armée n'avait pas rétabli l'ordre, qui sait ce que serait devenue la chine !

★ UN PROFESSEUR

J'ai enseigné la littérature à l'université pendant longtemps. Aujourd'hui je suis veilleur de nuit. Les écoles et les universités ont toutes fermé après la révolte des étudiants, les fameux Gardes rouges, au début de la Révolution culturelle. Ils nous ont craché dessus et battus. Beaucoup sont même morts. Mes étudiants se sont moqués de moi en public parce que je possédais des livres. Ils m'ont insulté. Même mes propres enfants se sont retournés contre moi. J'ai bien essayé de compren-dre en quoi mes idées étaient si mauvaises mais je n'ai pas trouvé.

Beaucoup d'entre nous ont perdu espoir et volonté. Lorsque les uni-versités ont réouvert, je n'ai pas eu le courage d'y retourner. La Révolution culturelle a été une folie qui a bien failli anéantir la Chine. ★

Popperfoto

HUMILIÉS : Les chefs du Parti sont présentés en public comme des ennemis de la Révolution.

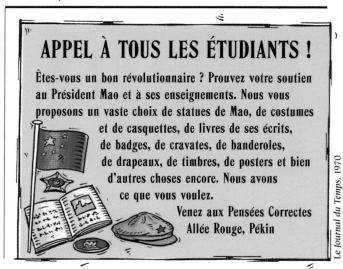

APPEL À TOUS LES ÉTUDIANTS !

Êtes-vous un bon révolutionnaire ? Prouvez votre soutien au Président Mao et à ses enseignements. Nous vous proposons un vaste choix de statues de Mao, de costumes et de casquettes, de livres de ses écrits, de badges, de cravates, de banderoles, de drapeaux, de timbres, de posters et bien d'autres choses encore. Nous avons ce que vous voulez.

Venez aux **Pensées Correctes**
Allée Rouge, Pékin

Le Journal du Temps, 1970

Collection David King

NOTRE HÉROS : les jeunes chinois serrent Le Petit Livre rouge sur leur poitrine.

MORT DU PRÉSIDENT MAO

Mao est malade depuis plusieurs années, ce qui ne l'empêche pas de diriger le pays d'une main de maître jusqu'à son dernier souffle. À sa mort en 1973, à l'âge de 83 ans, le *Journal du temps* retrace la vie de celui qui a été le père de la Révolution chinoise.

PEU IMPORTE comment vous considérez Mao Zedong – tyran ou génie – le fait est qu'il a joué un rôle déterminant en Chine.

Ses partisans le surnommaient « le Grand Leader » et « la Grande inspiration ». Mais Mao se définissait lui-même comme « un homme du peuple », sans nier bien-sûr toutes les louanges dont il était couvert. Devenir, lui fils de paysans, le dirigeant d'un milliard d'hommes, est une ascension sociale spectaculaire !

Grimper si haut puis s'y maintenir n'a pourtant pas été chose facile. Il a d'abord dû convaincre ses camarades communistes qu'une révolution menée avec des armées de paysans pouvait être aussi victorieuse que celle de Russie menée par des ouvriers d'usines. Ensuite, il lui a fallu enseigner au peuple qu'une révolution ne se faisait pas en une nuit mais nécessitait de longues années de dur labeur.

RECONSTRUIRE LA CHINE

Avant la Révolution, la Chine était faible et divisée. Plusieurs dirigeants régnaient sur certaines contrées et se disputaient le reste du pays, sans s'occuper le moins du monde du bien-être du peuple. Sous Mao, la Chine a retrouvé une unité avec une armée forte et un gouvernement plus efficace et travailleur.

Mao a été un dirigeant sévère et exigeant qui a souvent changé d'avis sur un coup de tête. Il a traité ses millions d'ennemis avec une cruauté scandaleuse mais pour des millions d'autres Chinois, il a été un héros incapable de faire le mal. De son vivant, les préceptes inscrits dans le Petit Livre rouge étaient appris par cœur et servaient de règles de vie à son peuple.

L'ombre de Mao pèse sur la Chine. Mais pour combien de temps encore ? ★

LES LENDEMAINS DE LA RÉVOLUTION

LORSQUE MAO ARRIVE À LA FIN de son règne, le reste du monde finit par comprendre que la République populaire de Chine est bel et bien née. Le Canada, les États-Unis et plusieurs autres pays occidentaux envoient des ambassadeurs en Chine et en 1971, la République populaire de Chine devient membre des Nations Unies.

Après la mort de Mao, une lutte pour le pouvoir déchire le parti communiste, avec d'un côté les Radicaux – ceux qui adhèrent totalement aux idées de Mao et veulent suivre ses plans à la lettre ; et de l'autre, les Modérés – qui respectent Mao mais pensent qu'il faut à la Chine des moyens plus pratiques pour gouverner tant de gens et qui prônent une plus large ouverture sur le monde extérieur. Ces derniers l'emportent et sont au pouvoir depuis cette date.

La grande idée de Mao était que les millions de paysans illettrés et majoritairement ignorants étaient capables de changer eux-mêmes le pays et leurs propres vies. La portée de la Révolution chinoise a été telle que les paysans de très nombreux pays se sont dits qu'eux aussi pouvaient faire une révolution !

LA CHUTE DU MUR DE BERLIN

Depuis plus de trois siècles, nous avons connu des révolutions violentes et de grande ampleur. Faut-il s'attendre à ce qu'il y en ait d'autres ? Pour avoir une idée de ce qui nous attend demain, nous avons interrogé un professeur d'histoire, spécialiste du sujet.

D'autres révolutions violentes comme celles de Chine ou de Russie sont-elles à craindre ?
Probablement pas. L'âge d'or des soulèvements massifs et violents est révolu pour deux raisons.

La première est que ces deux révolutions s'inspiraient d'idées communistes fondées sur la rébellion et la prise de pouvoir par les paysans et les ouvriers. Les communistes ont gouverné pendant une bonne partie du XIXe siècle. Mais ils ont rencontré plus de problèmes qu'ils n'en ont

résolus. Les peuples sont arrivés à la conclusion que le système communiste n'était pas le meilleur moyen de diriger un pays prospère.

La deuxième raison est que le monde est aujourd'hui davantage uni qu'il ne l'était il y a un siècle. Les pays commercent entre eux et dépendent les uns des autres comme jamais auparavant. Il est plus difficile pour une nation de s'embarquer dans un tel mouvement sans provoquer un effet boule de neige.

LA RÉUNIFICATION DE L'ALLEMAGNE : 1989, les Berlinois brisent enfin le mur de la honte.

Popperfoto/ David Brauchli Reuter

En 1989, plusieurs pays d'Europe de l'Est se sont soulevés pour se libérer du joug communiste. Peut-on parler de révolutions ?
Bien-sûr. Mais d'un nouveau type. Au lieu de tuer des millions de personnes, elles n'ont fait que se débarrasser de l'ancien système de gouvernement.

Il y a eu beaucoup de manifestations de rues, pratiquement sans bain de sang. L'ancien ordre communiste avait perdu la volonté de poursuivre car trop peu d'habitants croyaient encore aux vieux idéaux. Le plus

beau symbole a certainement été la chute du mur de Berlin qui avait divisé les deux Allemagne pendant près de 30 ans.

En quelques semaines, de nombreux dirigeants se sont retrouvés en prison et ont été remplacés par ceux-là même qu'ils avaient un jour fait enfermer. Une révolution peut se faire sans effusion de sang : c'est la plus grande leçon à en tirer.

Voulez-vous dire que les prochaines révolutions seront aussi plus pacifiques ?
Il n'y aura probablement plus jamais de révolutions communistes. En revanche, si un gouvernement se montre incapable ou peu soucieux de se pencher sur les besoins de son peuple, la révolution peut tout à fait ressurgir.

Difficile de prévoir si elle sera plus pacifique ou plus violente. D'après moi, elle sera plus pacifique. Une chose est sûre : le propre de la révolution est d'être imprévisible. ◪

Popperfoto

COUPÉ EN DEUX : En 1961, un mur a coupé Berlin en deux.

QUELQUES DATES

1765
Le Parlement de Londres adopte le Stamp Act (droit de timbre) qui impose des taxes aux colonies américaines.

1773
La « Boston Tea Party » (révolte contre les taxes britanniques trop élevées), des caisses remplies de thé sont déversées dans le port de Boston.

1775
L'affrontement, à Lexington, entre les troupes britanniques et les miliciens américains, marque le déclenchement de la révolution.

1776
La déclaration d'Indépendance est adoptée par le Congrès américain.

1778
La France accepte de venir en aide aux colonies américaines dans leur guerre contre la Grande-Bretagne.

1781
L'armée britannique capitule à Yorktown, signant la fin des combats.

1783
Par le traité de Paris, la Grande-Bretagne reconnaît enfin l'indépendance de l'Amérique.

1788
Le roi Louis XVI convoque les États généraux pour le mois de mai 1789 afin de trouver une issue aux dettes croissantes de la France.

1789
Prise de la Bastille. La Révolution française est en marche.

Aux États-Unis, George Washington devient le premier Président d'Amérique. ▼

1791
Louis XVI tente de fuir Paris mais il est arrêté à Varennes et ramené dans la capitale.

1792
La France devient une république. Le roi, en prison, va bientôt être exécuté.

1793
Exécution de Louis XVI et début de la Terreur. Marie-Antoinette, veuve du roi, est exécutée à son tour. Leur fils est porté disparu. ▼

1794
Exécution de Maximilien Robespierre. La Terreur s'estompe progressivement.

1804
La révolte des esclaves de Haïti conduit à l'indépendance de l'île vis-à-vis de la France.

1819
En Amérique du Sud, après une révolution contre l'Espagne, Simón Bolívar devient le premier président de Colombie.

1848
Des mouvements révolutionnaires émergent en France, en Italie, en Autriche et en Allemagne mais sont vite maîtrisés.

1849
La Hongrie proclame son indépendance de l'Autriche. La révolution est réprimée par les armées autrichiennes et russes.

1851
Échec de la rébellion des Taiping en Chine qui ne parvient pas à établir un gouvernement nouveau.

1854
En Australie, le Eureka Stockade, une révolte des mineurs contre le gouvernement australien, alors sous domination anglaise, est écrasé par les troupes britanniques.

1905
Un soulèvement d'ouvriers à Saint-Pétersbourg se solde par le tristement célèbre Dimanche rouge. La nation entière se soulève mais la révolte est maîtrisée par l'armée.

1917
Succès en Russie de la Révolution de Février. Le tsar est renversé. Huit mois plus tard, au cours de la fameuse Révolution d'Octobre, Lénine est à la tête du gouvernement communiste.

1918
La Russie signe un traité de paix avec l'Allemagne et se retire de la Première Guerre Mondiale.

1919
L'Armée rouge, menée par Lénine, devient la plus puissante force de Russie.

1920
La fin de la Guerre Civile en Russie se solde par la victoire de Lénine. Le Parti communiste contrôle maintenant le pays.

1924
Mort de Lénine. Son corps est embaumé et placé dans un mausolée sur la Place rouge. ▼

1934
Début de la Longue Marche. Les communistes chinois échappent à l'armée nationaliste de Chiang Kai-Shek.

1937
Les communistes et les nationalistes s'allient pour repousser l'envahisseur japonais hors du pays.

1945
Défaite du Japon à la fin de la Seconde Guerre Mondiale. Les communistes et les nationalistes chinois reprennent le combat.

1949
Chiang Kai-Shek démissionne de son poste de président. La République populaire de Chine, dirigée par Mao Zedong, est proclamée. ▼

1961
Un mur séparant Berlin ouest et Berlin est (communiste) est érigé pour empêcher toute communication entre les habitants des deux blocs.

1966
Début de la Révolution culturelle chinoise.

1976
Mort de Mao Zedong.

1989
Chute du mur de Berlin. Le communisme d'Europe de l'Est est balayé par des révolutions pacifiques.

Auteur : Christopher Maynard
Consultant : Dr Tim Shakesby, King's College Cambridge
Éditeur : Anderley Moore
Maquettiste : Jonathan Hair

Publicités et petites illustrations par :
Bridgeman Art Library : Pennsylvania Academy of Fine Arts USA 9hg ; Musée Carnavalet, Paris/Giraudon 10bg ; Prado, Madrid 13hd ; Christie's Images, London 19hd ; Roy Miles Esq. 23hg ; Caroline Church : 1g ; David King Collection : 31bd ; Ian Thompson : 26bg, 28bd ; Mike White : 4hd, 8, 11

Avec nos remerciements à :
Artist Partners, Beehive Illustration, Illustration Limited, Temple Rogers

Édition parue sous le titre : The history news : Révolution en 1999 aux Éditions Walker Books Ltd 87 Vauxhall Walk London SE11 5HJ
Publié en accord avec les Éditions Walker Books Ltd

Texte © 1999 Christopher Maynard
Illustrations © 1999 Walker Books Ltd

Traduit par Nadège Verrier

© 2003, Calligram exploitation pour la langue française en association avec Métagram
Tous droits réservés
Imprimé en Italie
ISBN 2-7366-6121-4

SOURCES

John R. Alden, *The American Revolution*
Mark Almond, *Revolution - 500 years of struggle for change*
Lucien Bianco, *The Chinese Revolutions*
Edward Countryman, *The American Revolution*
William Doyle, *The Oxford History of the French Revolution*
John Dunn, *Modern Revolutions*
Marc Ferro, *October 1917*
Orlando Figes, *A People's Tragedy : The Russian Revolution, 1891-1924*
Sheila Fitzpatrick, *The Russian Revolution*
Jack Gray, *Rebellions and Revolutions, China from the 1800s to the 1980s*
Michael S. Kimmel, *Revolution, A Sociological Interpretation*
Maurice Meisner, *Mao's China and After*
Simon Schama, *Citizens*
Robert Service, *The Russian Revolution*
Jonathan Spence, *The Search for Modern China*
D.M.H. Sutherland, *France 1789-1815*
Morton White, *The Philosophy of the American Revolution*